BLACMÊL

BLACMÊL

PEGI TALFRYN

LLUNIAU GAN

HYWEL GRIFFITH

Cyhoeddwyd gyntaf yng Nghymru yn 2021 gan Atebol Cyf.
Adeiladau'r Fagwyr, Llanfihangel Genau'r Glyn,
Aberystwyth, Ceredigion, SY24 5AQ
atebol.com

Ailargraffiad 2023
ISBN 978-1-91-324525-2

Dyluniwyd a golygwyd gan Cyngor Llyfrau Cymru.
Dymuna'r cyhoeddwr gydnabod cymorth ariannol Cyngor Llyfrau Cymru.

Argraffwyd yng Nghymru.

Diolch i fy nheulu am eu cefnogaeth,
ac i Lisa Salisbury am yr ysbrydoliaeth.

PT

Wyt ti'n dysgu Cymraeg?

Wyt ti'n mwynhau darllen?

Dyma stori fach i ti.

Mae'r stori yn defnyddio'r iaith o Unedau 1–9
yn y cwrs Dysgu Cymraeg (Mynediad).

Mae'r stori'n digwydd cyn llyfr arall
Elsa Bowen, *Gangsters yn y Glaw*.

ELSA BOWEN, DITECTIF PREIFAT

Elsa Bowen dw i.
Ditectif preifat dw i.
Dw i'n byw yng Nghaernarfon.
Dw i'n **dŵad** o Gaernarfon yn wreiddiol.
Dw i'n gweithio yng Nghaernarfon.
Ond dw i ddim yn hoffi Caernarfon.

---

dŵad – *North Wales version of 'dod'*

Dydd Llun
9 o'r gloch y bore

Mae hi'n oer.
Mae hi'n bwrw glaw yng Nghaernarfon heddiw – eto.
Mae Caernarfon yn llwyd.
Mae'r tywydd yn ofnadwy.

Dw i yn y swyddfa.
Dydy hi ddim yn swyddfa fawr.
A **deud** y gwir, ystafell ydy hi.
Ystafell fach oer.
Mae'r ystafell i fyny grisiau mewn siop sglodion.
Mae hi'n swnllyd gyda'r nos ac mae hi'n swnllyd yn yr haf.
Dw i'n **medru ogleuo** sglodion.
Dw i'n edrych ar y cyfrifiadur.
Dw i'n yfed coffi du.
Dim siwgr.
Dim llefrith.
Dw i isio **deffro**.
Dw i ddim yn medru **fforddio** brecwast bore 'ma.

deud – *North Wales version of 'dweud'*	
medru – *North Wales version of 'gallu' – to be able*	
ogleuo – *(from 'arogleuo') – to smell*	
deffro – *to wake up*	
fforddio – *to afford*	

Dw i'n clywed cnoc ar y drws.
Mae Emyr Williams yn dŵad i mewn.
Mae Emyr yn gweithio efo'r *Gwynedd Post* ym Mangor, ond mae o'n gweithio yng Nghaernarfon hefyd.

"Sut wyt ti, Elsa?"

"Iawn, diolch. Sut wyt ti? Sut mae Caryl?"
(Caryl ydy gwraig Emyr.)

"Dw i'n iawn, diolch. Mae Caryl yn dda iawn. Wyt ti'n brysur? Wyt ti ar gael i weithio?"

"**Yndw**, wrth gwrs. Dw i isio gwaith. Dw i isio talu biliau. Beth ydy'r gwaith?"

"Rwyt ti'n nabod Arfon Davies."

"Yndw."

---

yndw – *North Wales version of 'ydw'*

Arfon ydy Maer Tref Caernarfon.
Arfon Davies ydy bòs Caernarfon.
Pennaeth pum cwmni.
Mae o'n bwysig iawn.
Mae o'n enwog iawn yn y dref.
Mae o'n enwog iawn yng Ngwynedd.
Mae o'n ffrindiau efo pawb.
Mae pawb yn ffrindiau efo fo.
Mae o'n byw mewn tŷ mawr **ar lan y Fenai**.

"**Mae gan** Arfon broblem."

"Beth ydy'r broblem? Rhywbeth mawr?"

---

ar lan y Fenai – *beside the Menai Strait*

mae gan ... (+ *soft mutation*). *North Wales version '(someone) has ...'*

CASTELL

"Mae o'n actio'n od iawn. Dw i ddim yn gwybod pam. Mae o'n **cuddio** rhywbeth. Wyt ti'n medru ffeindio allan beth ydy'r broblem?"

"Wrth gwrs. Hapus iawn i helpu."

"Mae o'n cerdded yn y sgwâr bob pnawn."

"Mae pawb yn gwybod hynny."

"Ond rŵan mae o'n edrych **o gwmpas**. Mae o'n cario parsel. Bob dydd."

"Dw i'n mynd i fod yn y sgwâr pnawn 'ma."

"Diolch."

"Hwyl!"

---

cuddio – *to hide*

o gwmpas – *around*

CAFFI COFFI
Cofi

2 o'r gloch y prynhawn

Mae hi'n braf.
Dw i mewn caffi yn y Maes.
Mae Tesni'n dŵad.
Mae hi'n gweithio yn y caffi.

"Pnawn da, Elsa. Sut wyt ti?"

"Dw i'n iawn, diolch. Sut wyt ti?"

"Wedi blino. Beth **tisio**?"

"Ga i goffi du. Dim siwgr."

"Tisio cacen?"

"Dim diolch. Dw i ar ddeiet."

---

tisio – *North Wales version 'wyt ti isio/eisiau'*

CASTELL

Dw i yn y caffi.
Dw i'n medru gweld y Maes o'r caffi.
Dw i'n gwylio pawb.
Mae dyn yn siarad ar y ffôn.
Mae gwraig yn darllen llyfr.
Mae plant yn chwarae pêl-droed ar y stryd.
Maen nhw'n sblasio yn y **ffynnon**.
Mae Gerallt, y plismon, yn cerdded **heibio**.
Mae'r coffi'n oer, ond dw i'n deud dim.
Dw i'n ffrindiau efo Tesni.

Mae Arfon Davies yn dŵad i'r Maes.
Mae o'n edrych o gwmpas.
Mae o'n cario parsel bach brown.
Dydy o ddim yn edrych yn hapus.
Mae o'n edrych yn **ofnus**.
Dw i'n gwylio Arfon a dw i'n yfed y coffi oer.

ffynnon – *a fountain*

heibio – *past*

ofnus – *scared*

O na! Mae Lilith Lewys yn dŵad i'r sgwâr.
Gangster ydy Lilith.
Lilith ydy problem Arfon?
O diar.
Mae Lilith yn broblem fawr iawn.
Lilith ydy bòs gangsters Gwynedd.
Mae hi'n **beryglus**.
Mae hi bob tro'n gwisgo dillad coch.
Mae hi'n hoffi coch.
Mae hi'n gwisgo rhosyn coch.
Mae hi'n cario parsel hefyd.
Parsel efo rhuban coch.

---

peryglus – *dangerous*

Mae hi'n mynd at Arfon.
Maen nhw'n dechrau siarad.
Dyn nhw ddim yn hapus iawn.
Mae Lilith yn edrych yn **flin**.
Mae Arfon yn edrych yn nerfus.
Dw i'n dechrau teimlo'n nerfus.
Dw i'n dechrau **poeni**.
Ydy Arfon mewn trwbl?
Dw i ddim yn cario gwn, wrth gwrs, ond dw i'n cario ffôn.
Dw i'n tynnu ffotos o Arfon a Lilith yn siarad ar y Maes.

---

blin – *(South Wales 'crac')* – *angry*

poeni – *to worry*

Maen nhw'n gadael y Maes.
Mae Lilith yn mynd i Siop Ap Llywelyn.
Siop dillad drud.
Mae hi'n cario'r parsel bach brown.
Mae Arfon yn mynd i'r dafarn.
Mae o'n cario'r parsel efo rhuban coch rŵan.

Dw i'n mynd i'r dafarn.
Dw i'n gweld Arfon yn gofyn am ddiod.

"Peint o lager, os gwelwch yn dda."

Dw i'n gofyn am ddiod.

"Soda, os gwelwch yn dda."

"Dim wisgi, Elsa?"

"Na. Ddim yn y pnawn. Dw i'n gweithio."

Dw i'n edrych ar Arfon.
Mae o'n eistedd wrth fwrdd bach ac yn yfed y lager.
Dw i'n gweld y parsel.
Mae'r parsel ar y bwrdd.
Mae ffotos yn y parsel.
Mae o'n edrych ar y ffotos.
Ffotos o Arfon a ... o diar!

Dydy Arfon ddim yn gweld y dyn mewn du
yn dod i mewn i'r dafarn.
Ar y dechrau, dw i ddim yn gweld y dyn mewn du.
Mae o'n cario gwn.
Mae o'n pwyntio'r gwn at Arfon.

Dw i'n clywed y dyn yn siarad, "Dw i isio'r ffotos."

"Na," mae Arfon yn ateb.

"Dw i isio'r ffotos, neu dw i'n mynd i saethu."

Mae Arfon yn edrych ar yr amlen.
Mae o'n edrych ar y dyn.
Mae o'n dechrau rhoi'r ffotos yn yr amlen.
Ond yn sydyn mae o'n codi ac yn dechrau rhedeg am
y drws.
Mae'r dyn mewn du yn saethu Arfon.
Dw i'n clywed bang mawr.

"NA!"

Mae'r dyn yn rhedeg allan.
Mae Arfon ar y llawr.
Dw i'n rhedeg at Arfon.
Mae o'n fyw.
Dw i'n codi'r parsel.
Dw i'n rhoi'r parsel dan fy siwmper.

Mae Gerallt, y plismon, yn rhedeg i mewn i'r dafarn.
Mae o'n gweld Arfon.
Mae o'n cael tipyn o sioc.
Mae pobl ddrwg yng Nghaernarfon, ond dydy pobl ddim yn saethu pobl yma **fel arfer**.
Wel, dim ond weithiau ar nos Wener.
Dydy o ddim yn gwybod am y parsel.
Dydy o ddim yn gwybod am y ffotos.
Dydy o ddim wedi gweld y dyn mewn du yn cario gwn.
Dydy o ddim yn gweld y lwmp dan fy siwmper.

Ond dw i'n gwybod popeth.

Mae Gerallt yn ffonio am ambiwlans.
Dw i'n mynd allan.

---

mae o'n fyw – *he's alive*

fel arfer – *usually*

Y Siop Sglods

5 o'r gloch y prynhawn

Dw i yn y swyddfa.
Dw i'n ogleuo sglodion.
Dw i isio bwyd.
Dw i isio sglodion efo sos cyrri.
Ond ddim eto.
Dw i'n mynd i ffonio Emyr.
Mae'r parsel yn y swyddfa.
Mae'r ffotos ar y ddesg.
Arfon a Jazmyn Jones.
Mae hi'n enwog iawn.
Mae pawb yn nabod Jazmyn o *Love Island*.
Mae hi'n dŵad o Gaernarfon ond mae hi'n gweithio mewn clwb nos drud yn Llandudno.
Enw'r clwb yn Llandudno ydy 'Gin & Sin'.
Mae dynion pwysig yn mynd i'r clwb.
Dynion pwysig efo llawer o bres.
Yn anffodus i Arfon, clwb nos Lilith ydy'r clwb, wrth gwrs.

Yn y ffotos mae Jazmyn yn dawnsio rownd polyn ar **lwyfan**.
Dydy hi ddim yn gwisgo llawer o ddillad.
Mae Arfon yn dawnsio ar y llwyfan hefyd.
Dydy o ddim yn dawnsio'n dda.
Ond mae o'n edrych yn hapus.
Mae Lilith isio blacmelio Arfon efo'r ffotos.

---

llwyfan – *a stage*

Yn sydyn, mae'r dyn mewn du yn dŵad i mewn i'r swyddfa.
Mae o'n cario'r gwn.

Mae o'n dweud, "Dw i isio'r parsel."

"Na."

"Dw i isio'r parsel. Dw i isio'r ffotos."

"Pam? Pam dach chi isio'r ffotos?"

"Dydy hynny ddim busnes i chi."

"Pam dach chi isio ffotos o Jazmyn ac Arfon?"

"Be? Sut dach chi'n gwybod pwy ydy Jazmyn?"

"Mae pawb yn nabod Jazmyn **ar ôl gwylio** *Love Island*."

"Dydy Jazmyn ddim yn ferch ddrwg. Mae hi'n ferch dda."

"Mae'r ffotos yn deud stori arall."

"Dw i isio'r ffotos rŵan. Dw i'n mynd i saethu."

---

ar ôl gwylio – *after watching*

Yn sydyn mae'r drws yn agor eto.
Mae Jazmyn yna.
Mae hi'n flin.

"Beth wyt ti'n neud, Dad?"

"Beth wyt ti'n neud yma, Jazmyn?"

Rŵan dw i ddim yn dallt.
Fo ydy tad Jazmyn?

Dyma Jazmyn yn dechrau siarad:

"Mi wnes i ddod i Gaernarfon bore 'ma ar y bws i siopa efo Mam. Ar ôl siopa efo Mam, mi wnes i fynd i'r swyddfa bost cyn **dal** y bws i Landudno. Yna, mi wnes i weld Arfon yn siarad efo Lilith. Mi wnes i weld Arfon yn mynd i'r dafarn. Pum munud wedyn, mi wnes i weld dyn mewn trowsus du ac anorac du yn mynd i mewn i'r dafarn.

---

dal – *to catch*

"Mi wnes i glywed y bang. Mi wnes i weld y dyn mewn du yn rhedeg allan o'r dafarn yn cario gwn. **Y tro 'ma** mi wnes i weld y slogan ar yr anorac – **Cofi Dre**. Mi wnes i nabod yr anorac. Mi wnes i roi'r anorac i ti amser Nadolig. Yna, mi wnes i weld Elsa yn mynd i'r swyddfa ... ac mi wnest ti fynd i'r swyddfa – yn cario'r gwn. Mi wnes i ddod yma hefyd."

Mae o'n ateb, "Dw i ddim isio i Arfon gael y ffotos. Maen nhw'n ofnadwy. Dw i'n mynd i **losgi'r** ffotos. Dwyt ti ddim yn ferch ddrwg."

"Dad. Dwyt ti ddim yn dallt. Wrth gwrs dw i'n gweithio yng nghlwb Lilith. Dw i'n mwynhau dawnsio. Problem Arfon ydy hi os ydy o'n actio fel ffŵl. Ond mae mwy i'r stori. Dw i'n gweithio fel **swyddog cudd** efo Heddlu Gogledd Cymru. Dan ni'n trio gwneud sting ar Lilith. Ond efo blacmelio Lilith, ac efo ti yn saethu Arfon, dan ni'n mynd i stopio'r sting am rŵan."

---

y tro 'ma – *this time*

Cofi Dre – *a Caernarfon person (slang)*

llosgi – *to burn*

swyddog cudd – *undercover officer*

"Rwyt ti'n mynd i stopio dawnsio?"

"Nac ydw. Dw i ddim yn mynd i stopio dawnsio. Ond dw i'n mynd i stopio gweithio i'r heddlu. Mae gweithio i'r heddlu a gweithio mewn clwb nos yn gwneud **pres** da, diolch yn fawr. Rŵan dw i'n medru fforddio mynd i'r coleg. Dw i'n mynd i Goleg Cerdd a Drama Cymru yng Nghaerdydd i astudio actio a dawnsio. Dw i'n **gobeithio** actio yn Llundain."

"A'r ffotos?"

"Mae'r ffotos yn medru mynd i'r bin."

Dw i'n rhoi'r ffotos yn y bin.

"Reit, Dad. Tisio cael paned yn y caffi? Ond ar ôl cael paned, dw i'n mynd i **dy arestio di**. Dydy Arfon ddim wedi marw, ond rwyt ti mewn trwbl ar ôl y saethu."

"Mae'n ddrwg gen i, Jazmyn."

Maen nhw'n gadael y swyddfa.
Dw i'n gwneud paned.

pres – *(South Wales 'arian')* – *money*

gobeithio – *to hope*

dy arestio di – *to arrest you*

6 o'r gloch y prynhawn

Dw i yn y dafarn efo Emyr.

Mae o'n gofyn am y diodydd.

"Dau wisgi dwbl, os gwelwch yn dda."

Dan ni'n eistedd.

Mae o'n gofyn, "Beth ydy'r stori?"

"Mae tair stori, a deud y gwir. Stori am yr heddlu cudd yn trio gwneud sting ar Lilith, a stori am Lilith yn **defnyddio** ffotos ar gyfer blacmêl efo Arfon. A stori drist am dad yn trio helpu merch."

"**Deuda fwy**."

"Mae Jazmyn yn gweithio fel swyddog cudd efo Heddlu Gogledd Cymru. Maen nhw'n ceisio gwneud sting ar Lilith. Ond mae hi'n mynd i adael yr heddlu rŵan a mynd i'r coleg yng Nghaerdydd i astudio actio a dawnsio."

"Dw i'n gweld."

"Ac mae Lilith yn defnyddio blacmêl efo dynion pwysig efo llawer o bres. Maen nhw'n mynd i'r clwb ac mae hi'n tynnu ffotos. Ond achos y saethu, mae'r heddlu yn mynd i stopio'r sting."

defnyddio – *to use*

deuda fwy – *say more*

"Dw i ddim yn dallt. Beth ydy stori'r saethu? Pwy ydy'r person efo gwn?"

"Tad Jazmyn – dydy o ddim isio sgandal."

"Ga i roi un stori yn y *Gwynedd Post*?"

"Ddim eto. Mae'r heddlu yn trio dal Lilith. Dydyn nhw ddim isio i'r stori ddod allan eto. Maen nhw isio dal Lilith **gynta**."

"Dw i'n gweld. Wel, **yn anffodus**, dim stori yn y papur, dim pres – am rŵan. Ond **mi gei di'r** pres pan ga i roi'r stori yn y papur."

"Mae'n siŵr o ddigwydd. Mi gei di'r bil **bryd hynny**."

"Tisio wisgi arall?"

"Dim diolch. Dw i isio mynd adre."

---

gynta – *first*

yn anffodus – *unfortunately*

mi gei di – *the same as 'cei' (answer to 'ga i'), literally 'you will have/get'. 'Ga i' can also mean 'I will have/get'*

bryd hynny – *at that time*

Y Siop Sglods

Mae'n nos.
Mae hi'n oer.
Mae hi'n bwrw glaw.
Dw i'n pasio'r swyddfa.
Dw i'n medru ogleuo sglodion.
Dw i'n mynd i mewn i'r siop sglodion.
Dw i'n cael sglodion efo sos cyrri.
Dw i'n mynd adre i fflat oer.
Dw i'n gobeithio cael gwaith yfory.
Gwaith sy'n talu'n dda.

---

gwaith sy'n talu dda – *work that pays well*

Geirfa

ar lan y Fenai – *beside the Menai Strait*
ar ôl gwylio – *after watching*
blin – (*South Wales 'crac'*) – *angry*
bryd hynny – *at that time*
Cofi Dre – *a Caernarfon person (slang)*
cuddio – *to hide*
dal – *to catch*
defnyddio – *to use*
deffro – *to wake up*
deud – *North Wales version of 'dweud'*
deuda fwy – *say more*
dŵad – *North Wales version of 'dod'*
dy arestio di – *to arrest you*
fel arfer – *usually*
fforddio – *to afford*
ffynnon – *a fountain*
gobeithio – *to hope*
gwaith sy'n talu'n dda – *work that pays well*
gynta – *first*
heibio – *past*
llosgi – *to burn*
llwyfan – *a stage*
mae gan ... (+ *soft mutation*). *North Wales version '(someone) has ...'*
mae o'n fyw – *he's alive*
medru – *North Wales version of 'gallu'* – *to be able*
mi gei di – *the same as 'cei' (answer to 'ga i'), literally 'you will have/get'. 'Ga i' can also mean 'I will have/get'*
o gwmpas – *around*
ofnus – *scared*
ogleuo – (*from 'arogleuo'*) – *to smell*
peryglus – *dangerous*
poeni – *to worry*
pres – (*South Wales 'arian'*) – *money*
swyddog cudd – *undercover officer*
tisio – *North Wales version of 'wyt ti isio/eisiau'*
y tro 'ma – *this time*
yn anffodus – *unfortunately*
yndw – *North Wales version of 'ydw'*

Hefyd yn y gyfres ...

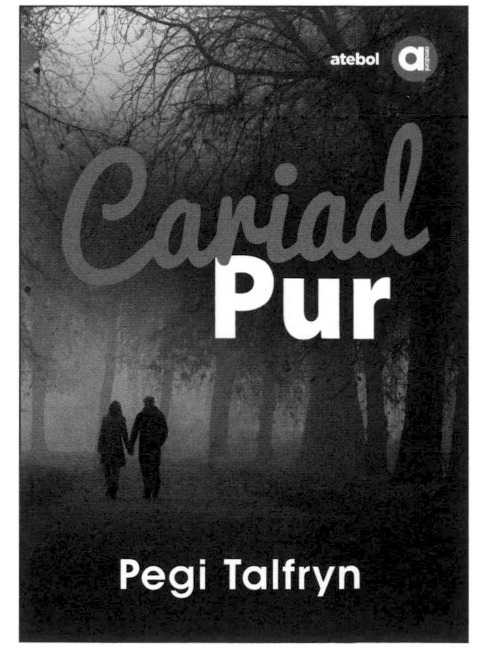